Hallihallo!

Du kommst bald in die Schule? Wie spannend! Hast du Lust, mit uns die Zahlen kennenzulernen? In diesem Block findest du außerdem viele tolle Übungen, damit du dich super auf den ersten Schultag vorbereiten kannst. Lass uns zählen, malen, vergleichen und vieles mehr. Das macht einen Riesenspaß!

Die Symbole zeigen dir, um welches Thema es gerade geht. So verstehst du die Aufgaben ganz leicht. Und außerdem sind auf den Seiten Lösungsbeispiele eingemalt. Da kann ja gar nichts mehr schiefgehen. Schau mal, hier sind die unterschiedlichen Symbole:

Mit deinem Finger fährst du die einzelnen Buchstaben und Zahlen nach.

Bei einigen Aufgaben geht es ums Schreiben. Hierzu brauchst du einen Schreibstift.

Hier darfst du malen, verbinden, einkreisen und ankreuzen. Das geht am besten mit vielen bunten Stiften.

Bist du bereit?

Dann lass uns starten!

Viel Spaß!

Disney

DIE EISKÖNIGIN II

Eiskönigin Elsa, Königin Anna und ihre Freunde Schneemann Olaf, Kristoff und Sven erleben im Königreich Arendelle neue Abenteuer.

Olaf
Der lustige Schneemann

Anna
Die Königin von Arendelle

Elsa
Die Eiskönigin

Sven
Kristoffs Rentier

Kristoff
Ein treuer Freund

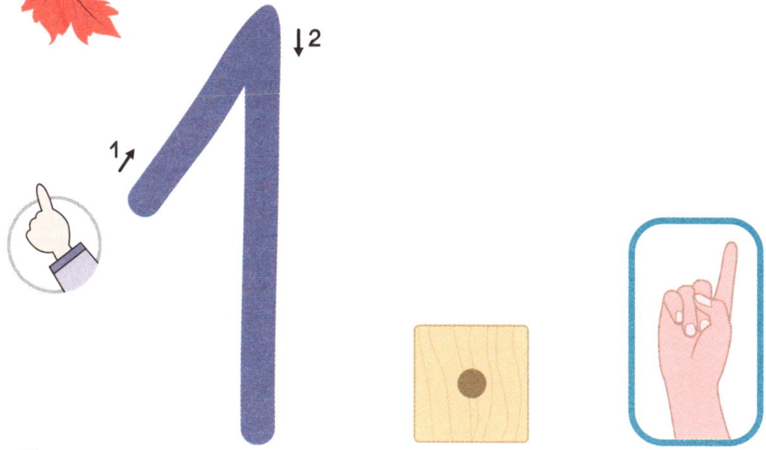

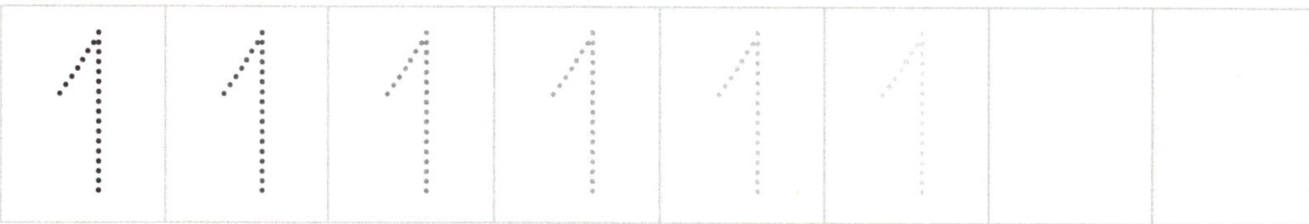

Male so viele
Eiskristalle bunt aus,
wie die Zahl vorgibt.

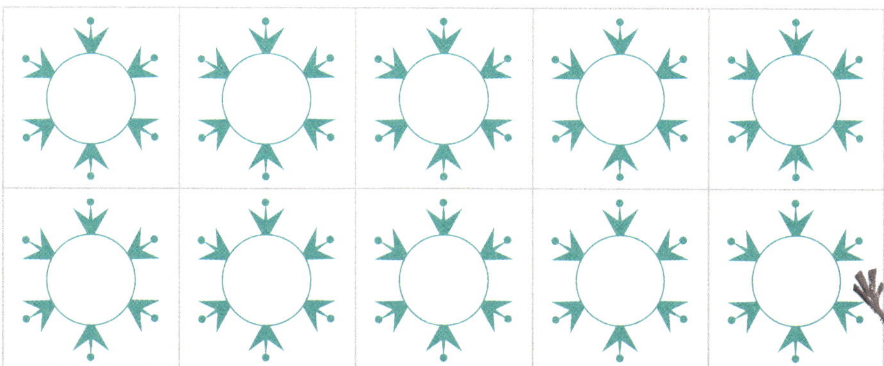

LÖSUNG

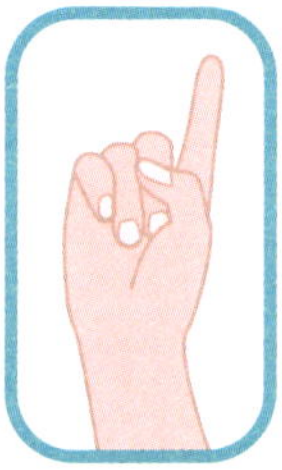

1	1	1	1	1	1	1	1

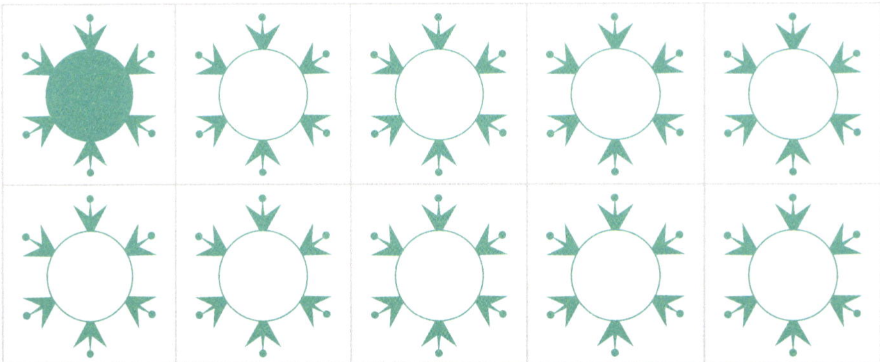

Was gibt es nur 1 Mal?
Kreise das Bild ein.

LÖSUNG

Finde den Weg durch das Labyrinth zum Schloss und zeichne ihn ein.

LÖSUNG

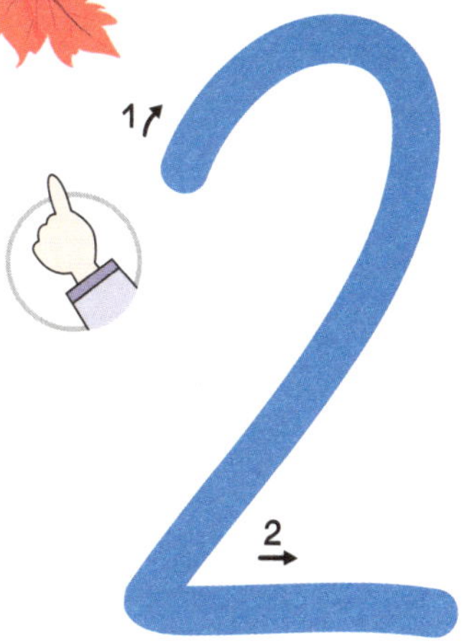

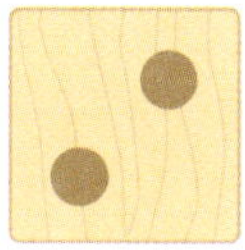

Male so viele
Eiskristalle bunt aus,
wie die Zahl vorgibt.

LÖSUNG

2

1 ↗ 2 →

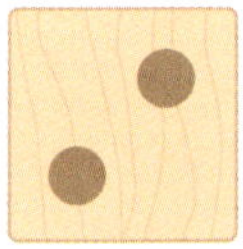

2	2	2	2	2	2	2	2

Was gibt es nur 2 Mal?
Kreise die Bilder ein.

LÖSUNG

Der Vogel sucht
sein Nest.
Kannst du ihm helfen?
Male den richtigen Weg nach.

LÖSUNG

3

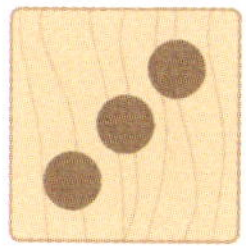

Male so viele Eiskristalle bunt aus, wie die Zahl vorgibt.

LÖSUNG

1 2

3

3	3	3	3	3	3	3	3

Jeweils 3 Blätter sind gleich groß. Male sie in derselben Farbe an.

LÖSUNG

Was kommt als
Nächstes?
Vervollständige die Reihen.

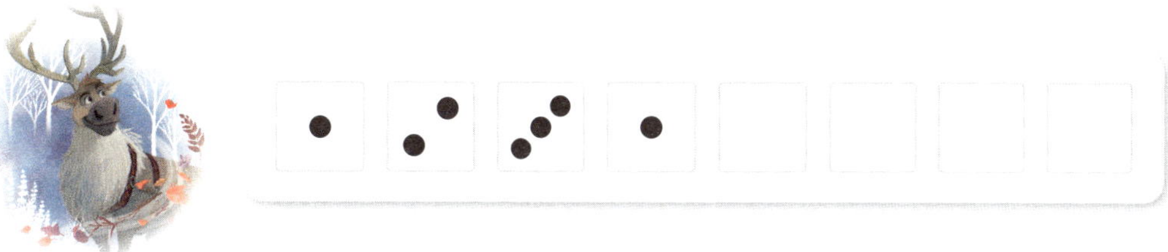

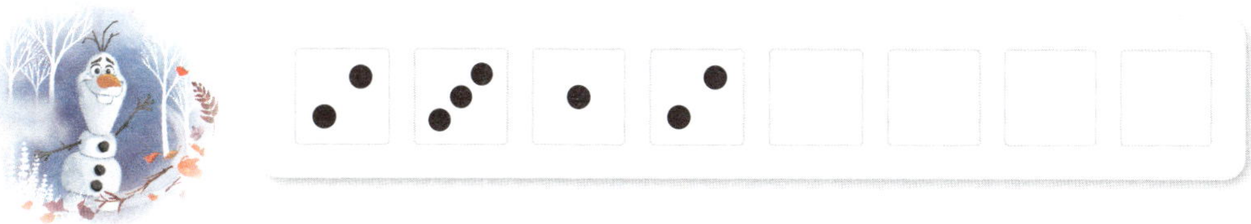

LÖSUNG

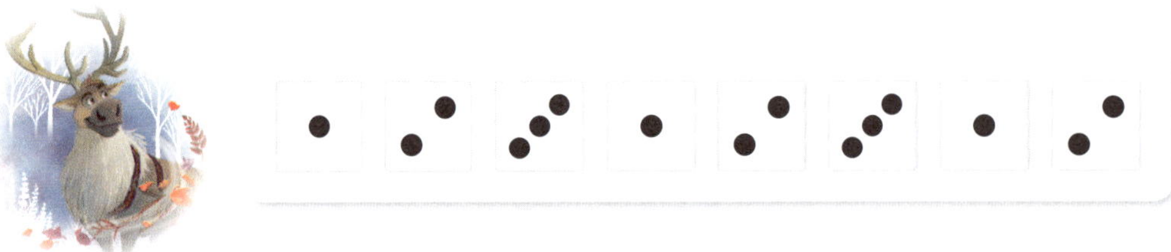

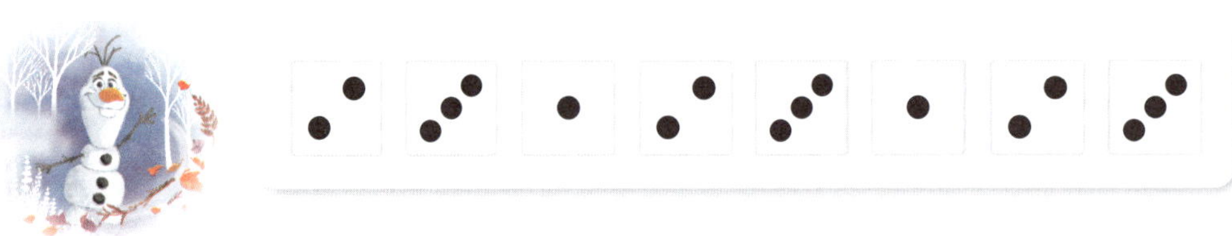

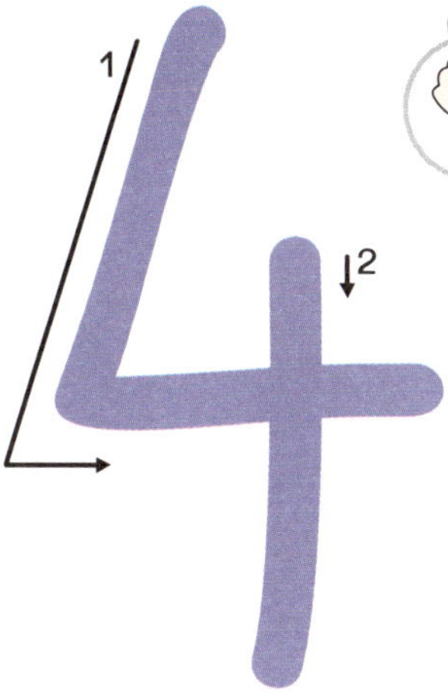

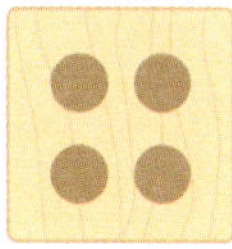

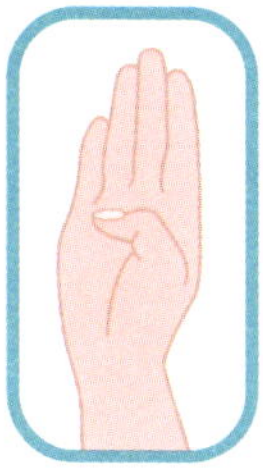

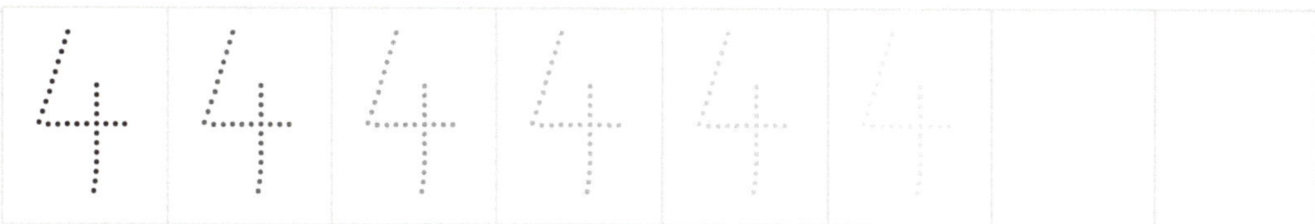

Male so viele
Eiskristalle bunt aus,
wie die Zahl vorgibt.

LÖSUNG

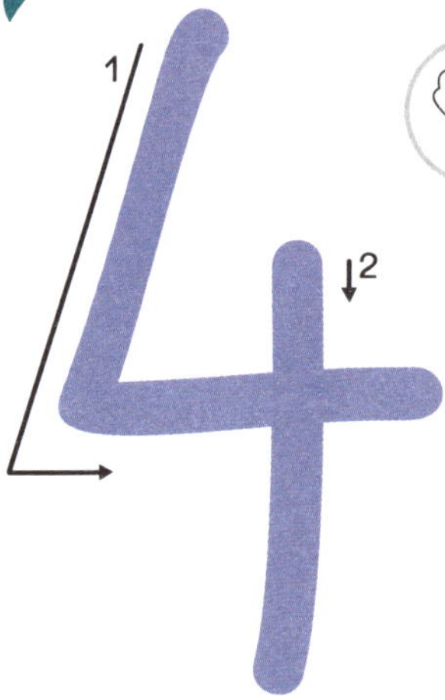

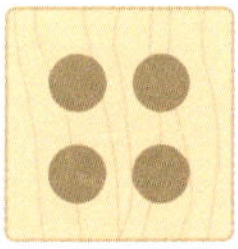

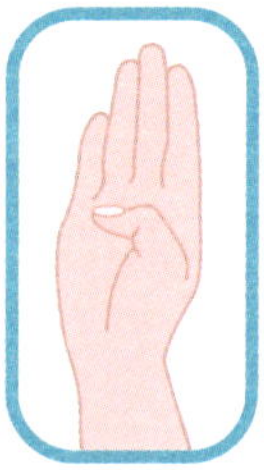

4	4	4	4	4	4	4	4

Weißt du das?
Welche beiden Tiere
haben 4 Beine?

LÖSUNG

Welche Form passt wo in den Eiskristall? Male die Lücken in den passenden Farben aus.

LÖSUNG

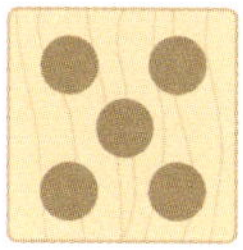

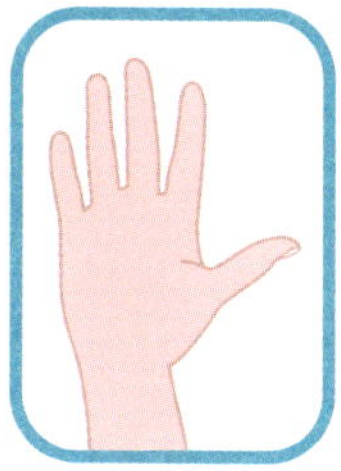

Male so viele Eiskristalle bunt aus, wie die Zahl vorgibt.

LÖSUNG

5

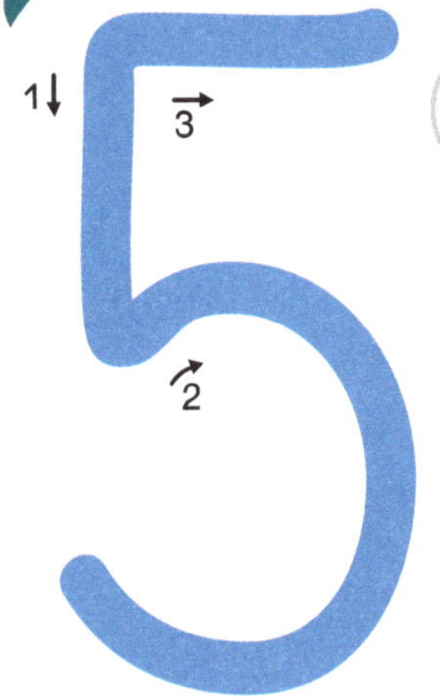

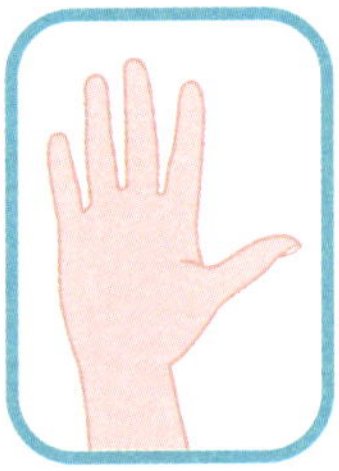

5	5	5	5	5	5	5	5

Wie viele gleiche Tiere zählst du?
Schreibe die Zahlen in die Kreise.

LÖSUNG

Ein Bild in jeder Reihe
sieht etwas anders aus.
Streiche es durch.

LÖSUNG

6

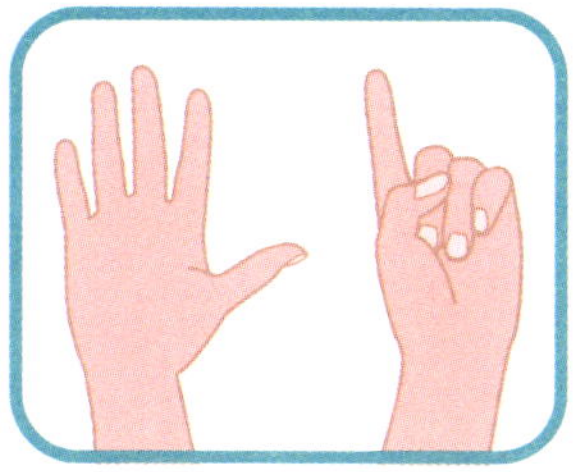

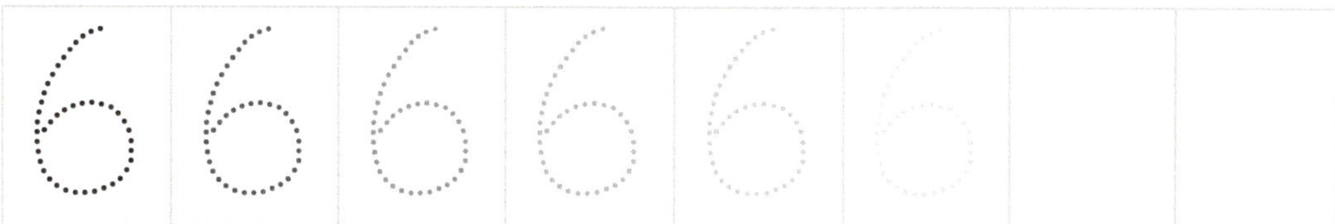

Male so viele
Eiskristalle bunt aus,
wie die Zahl vorgibt.

LÖSUNG

6

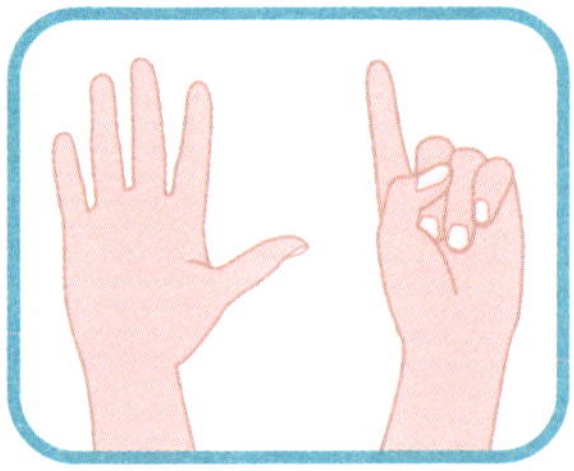

6	6	6	6	6	6	6	6

Kreise die Punkte wie auf den Würfeln ein. Suche so viele Kombinationen, wie du finden kannst.

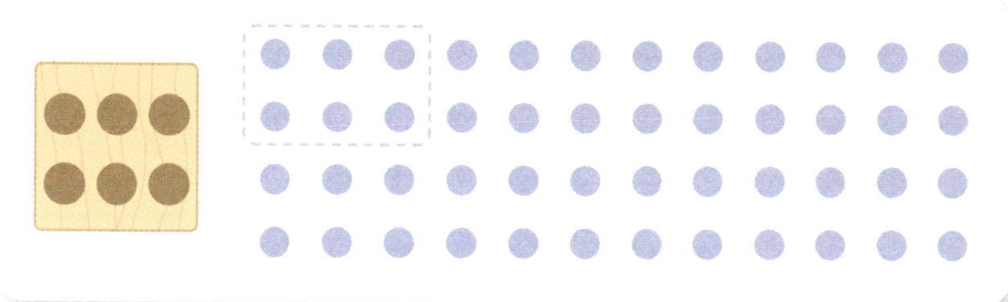

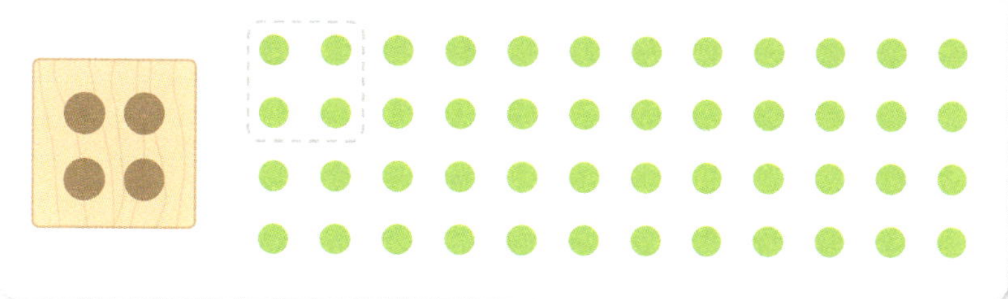

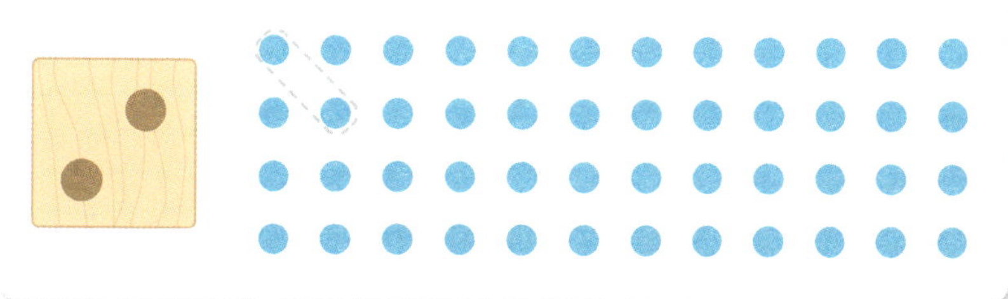

LÖSUNG

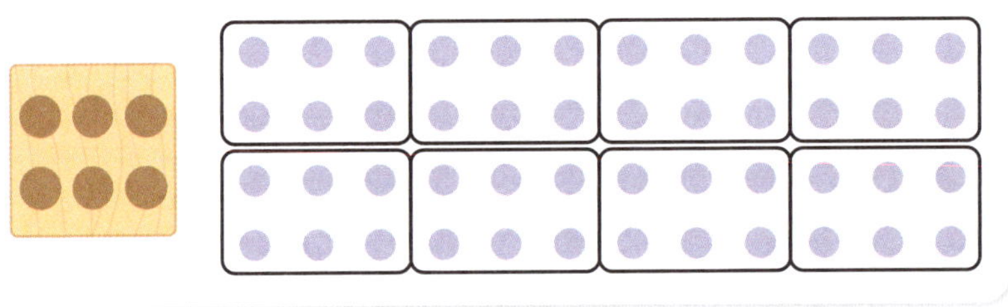

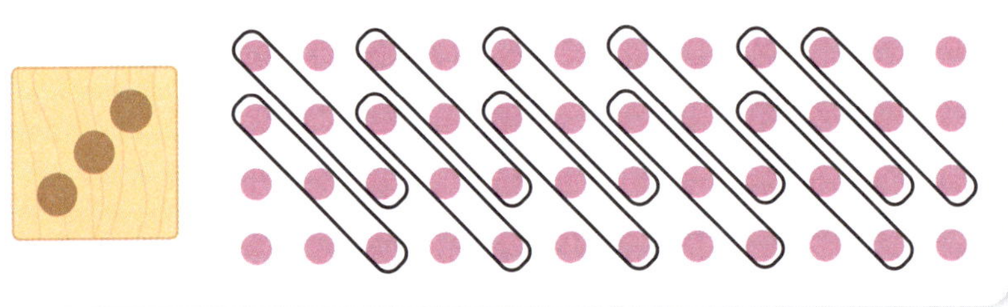

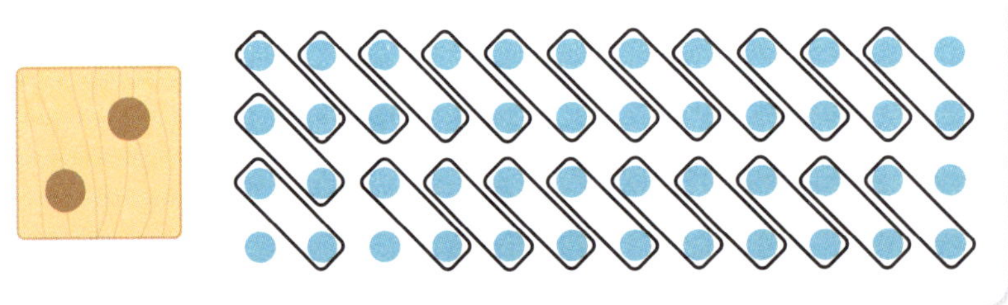

Jede Form hat eine
eigene Farbe.
Male die Formen richtig aus.

LÖSUNG

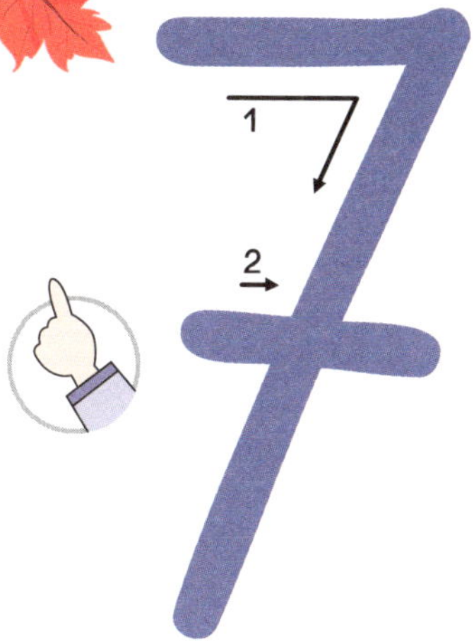

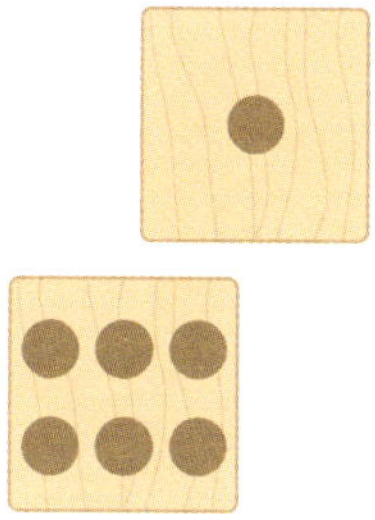

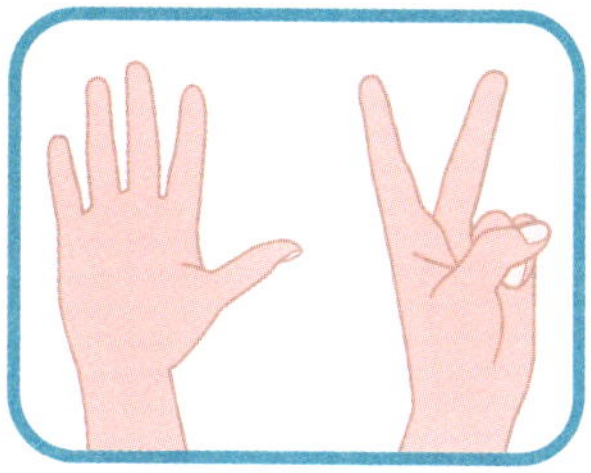

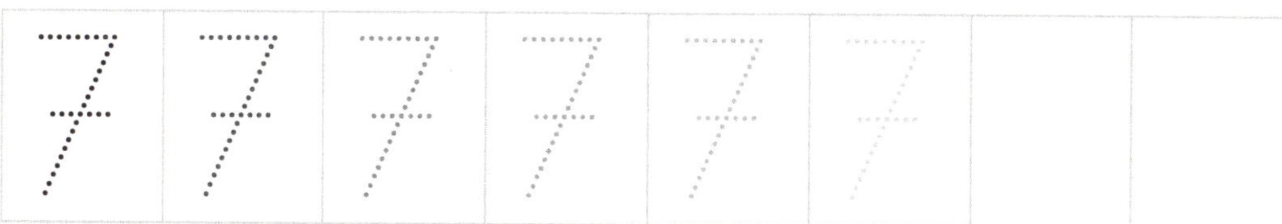

Male so viele Eiskristalle bunt aus, wie die Zahl vorgibt.

LÖSUNG

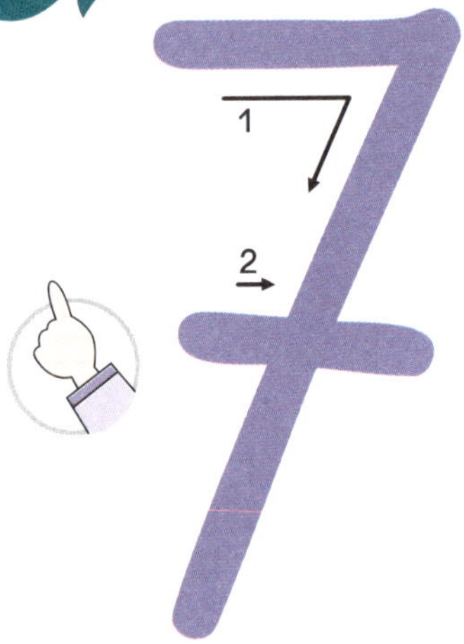

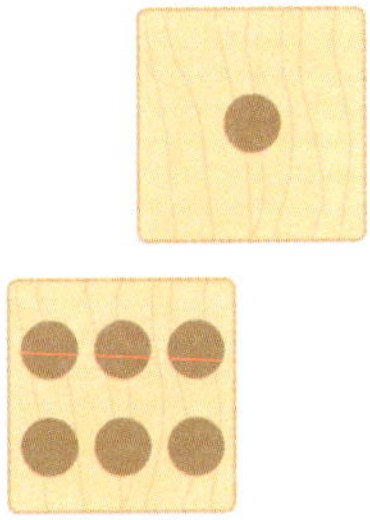

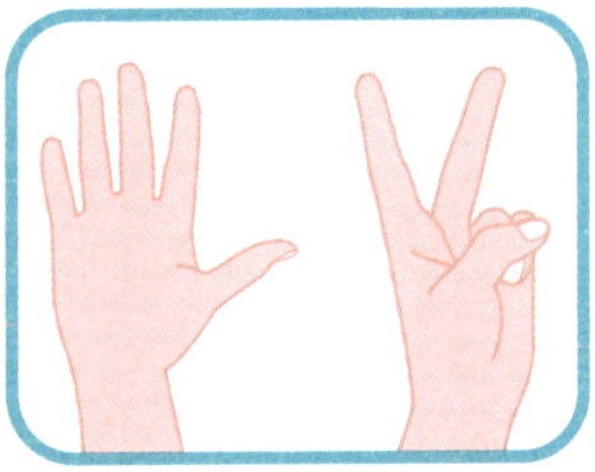

7	7	7	7	7	7	7	7

Male den
Drachen an, der an
7. höchster Stelle fliegt.
Beginne mit dem Zählen
bei Olaf.

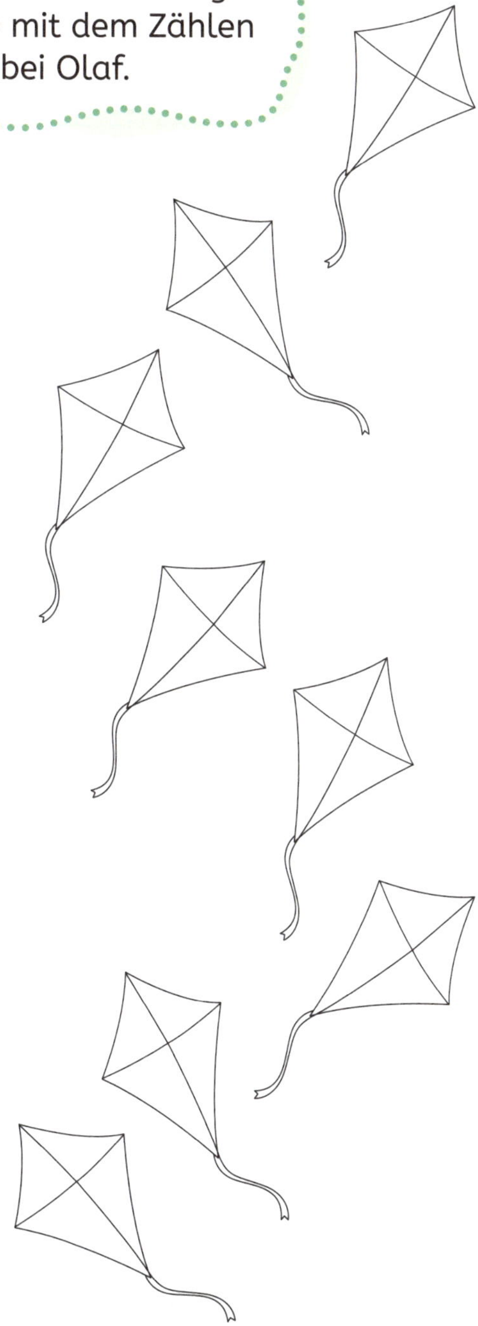

LÖSUNG

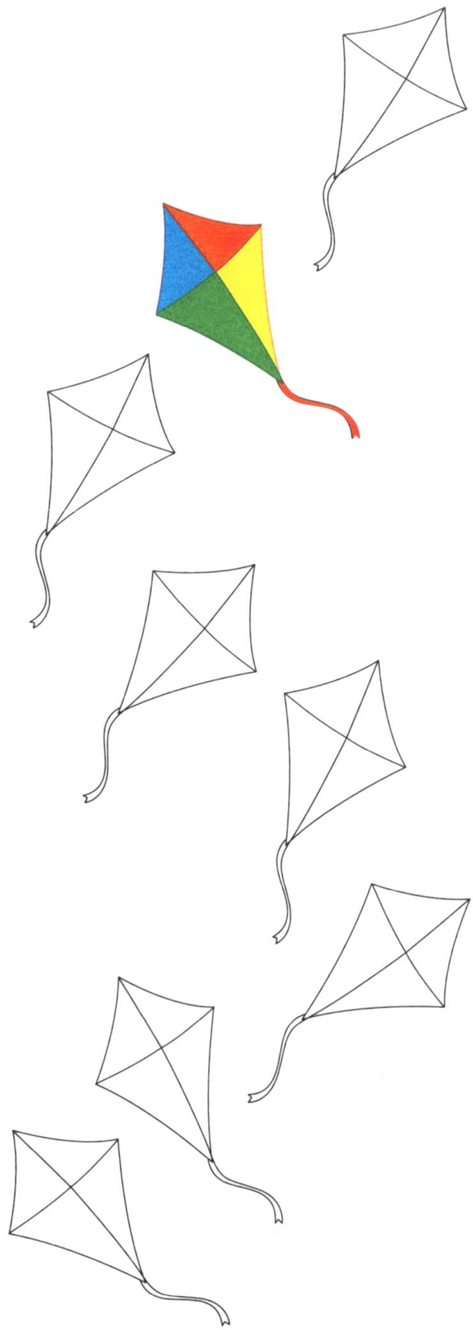

Wie viele Ballons
pro Farbe gibt es?
Trage die Zahl ein.

LÖSUNG

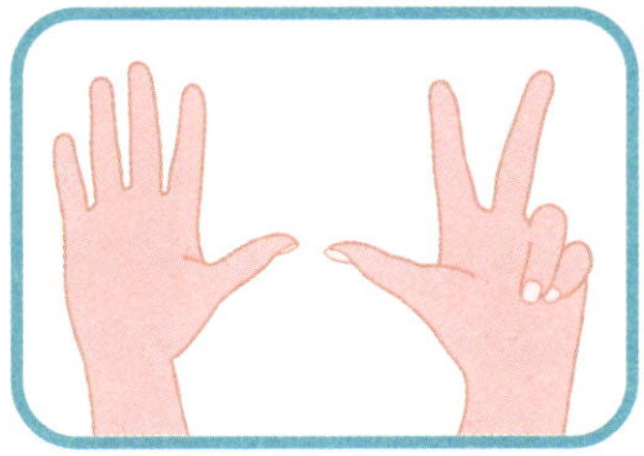

Male so viele
Eiskristalle bunt aus,
wie die Zahl vorgibt.

LÖSUNG

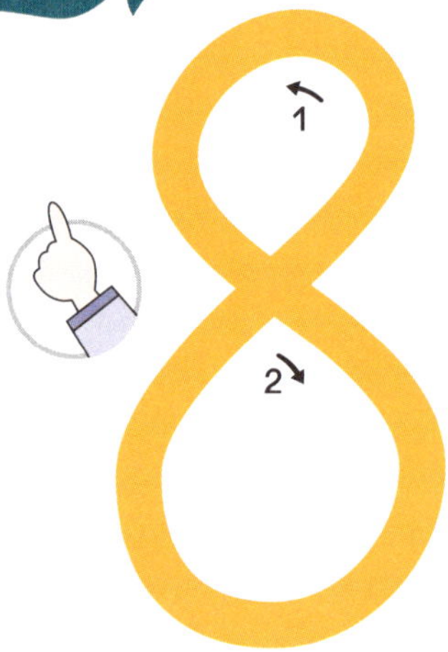

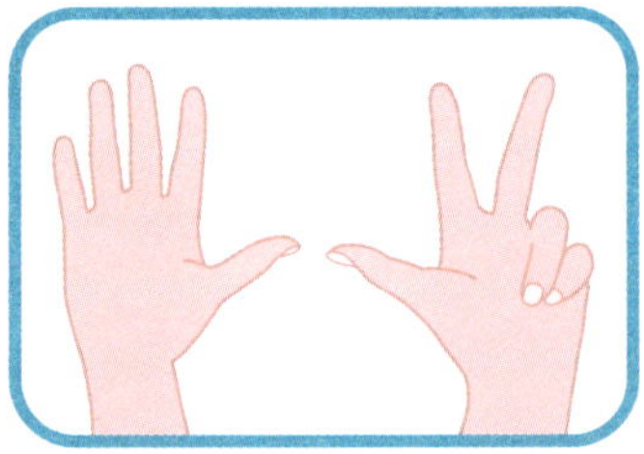

8	8	8	8	8	8	8	8

Welcher Igel hat
8 Stacheln?
Male die Stacheln
bei diesem Igel nach.

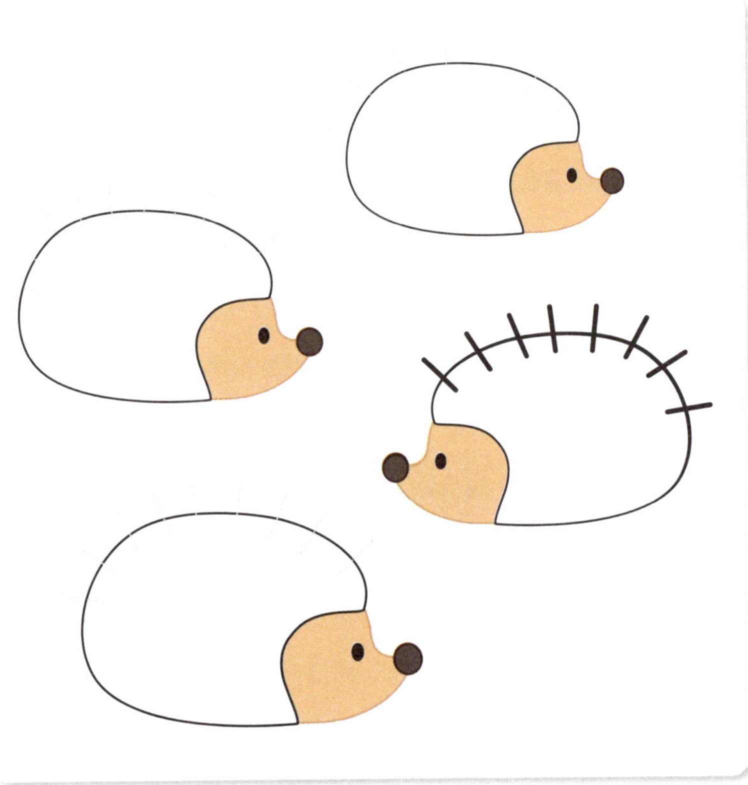

Male so viele Ballons an, wie die Zahl vorgibt.

LÖSUNG

5

7

8

6

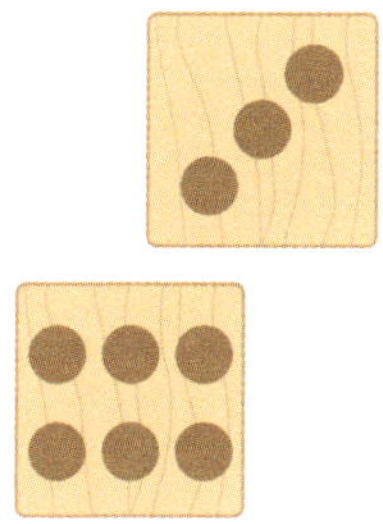

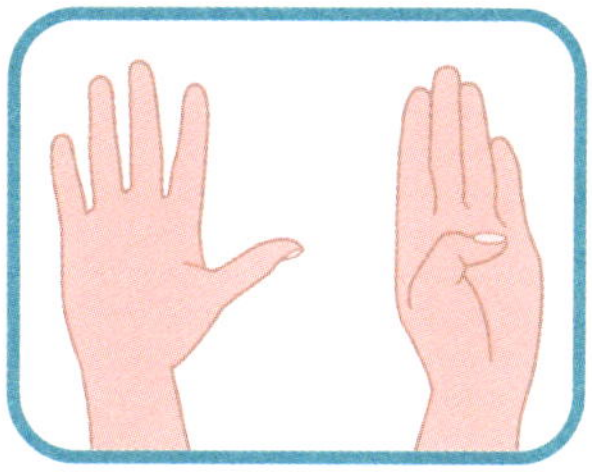

Male so viele
Eiskristalle bunt aus,
wie die Zahl vorgibt.

LÖSUNG

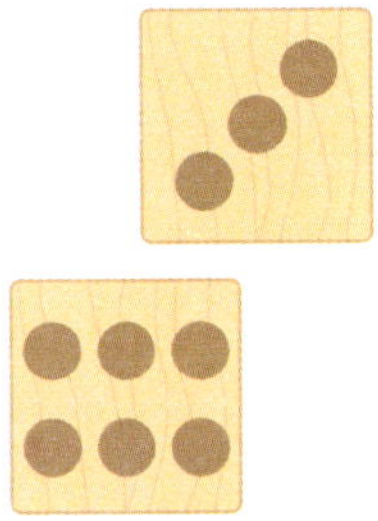

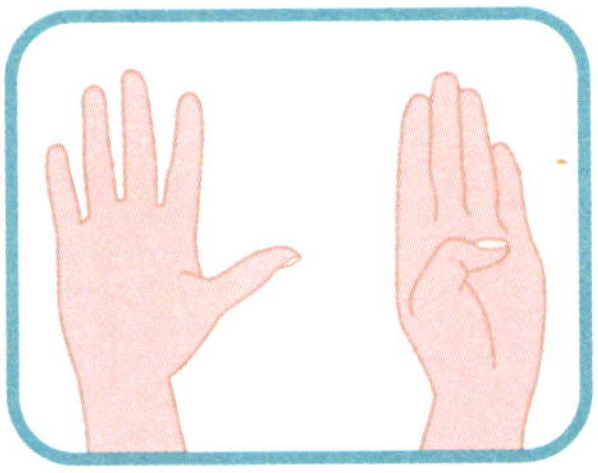

g g g g g g g g

Wie viele Eiskristalle sind es?
Zähle zusammen.

LÖSUNG

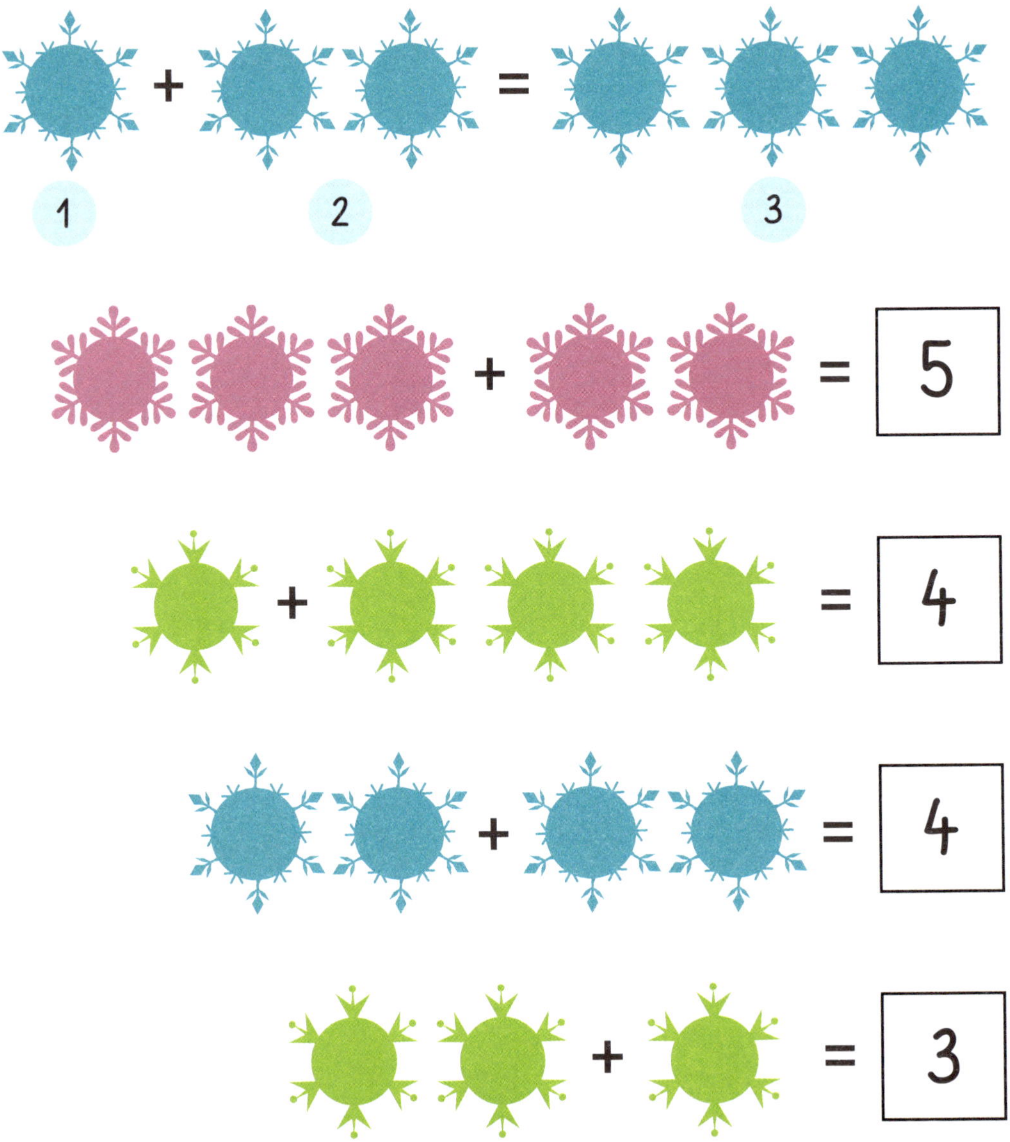

1
2
3
4
5
6
7
8
9
10

10

10 10 10 10

Male so viele
Eiskristalle bunt aus,
wie die Zahl vorgibt.

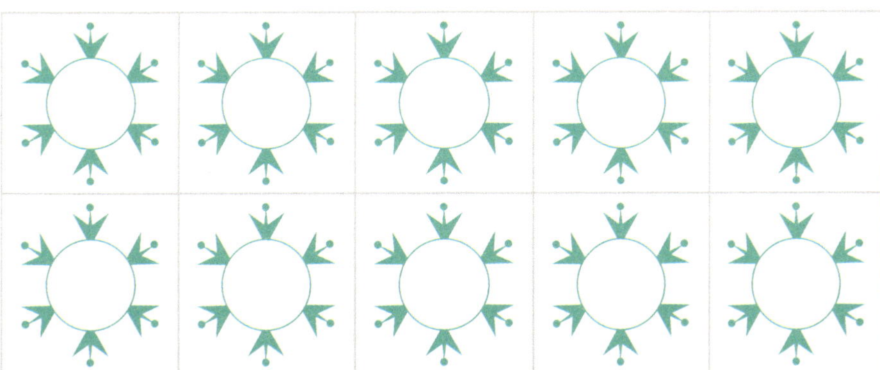

LÖSUNG

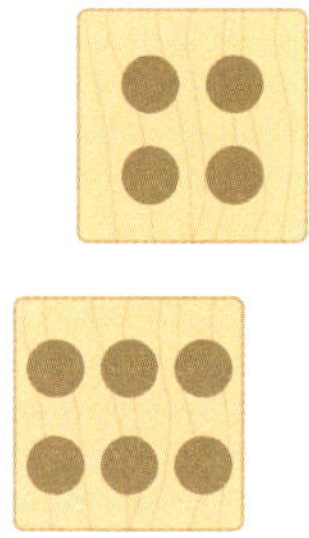

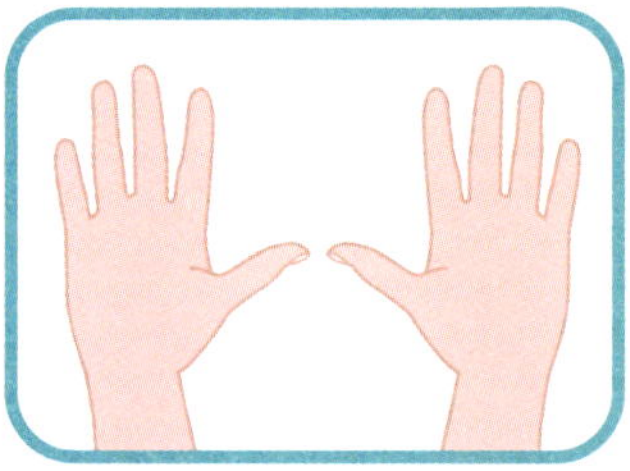

10	10	10	10	10	10

Male 10 Nüsse an.

LÖSUNG

Zahlen sind überall!
Schau dich genau um.
Du wirst sehen, dass Zahlen
an vielen verschiedenen Orten
vorkommen.

Wie alt bist du?

Welche Zahlen
stehen an eurem Haus?

Wann hast du
Geburtstag?

Wie viele Eiskristalle
sind es?
Ziehe voneinander ab.

3-1=2

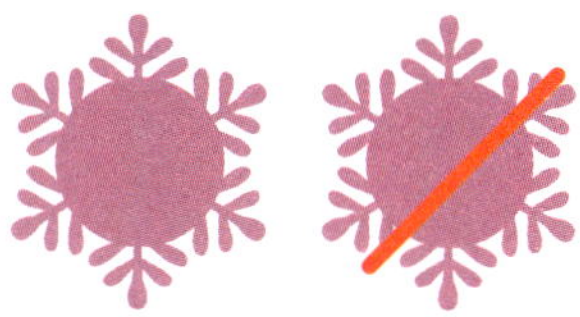

2-1= ☐

5-2= ☐

4-3= ☐

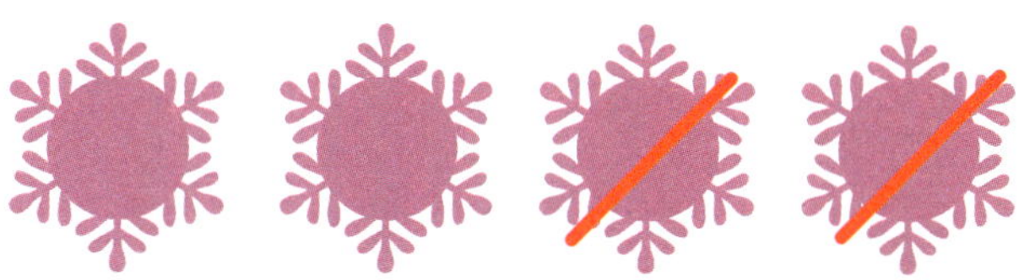

4-2= ☐

LÖSUNG

3–1=2

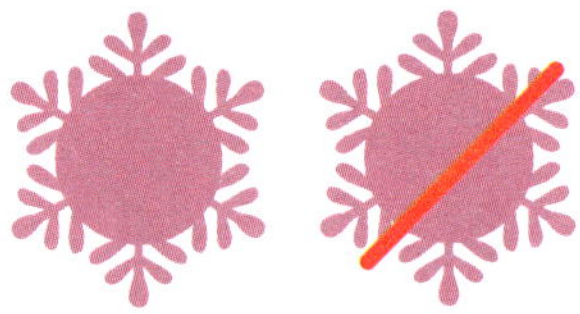

2–1= 1

5–2= 3

4–3= 1

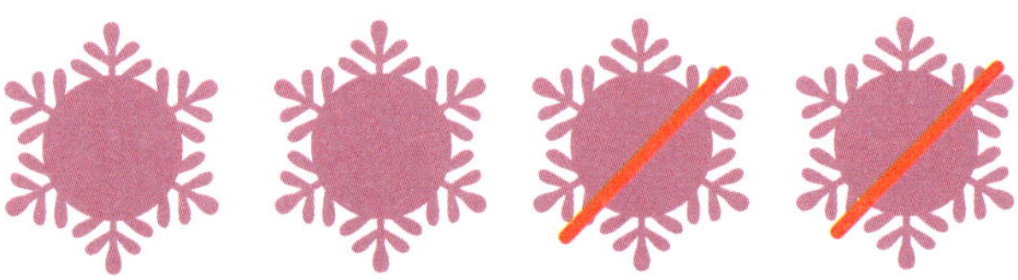

4–2= 2

Welche Form passt
in den Eiskristall?
Male die richtige
Form aus.

LÖSUNG

Kennst du die Farben
des Regenbogens?
Male den unteren Regenbogen
in der richtigen Reihenfolge aus.

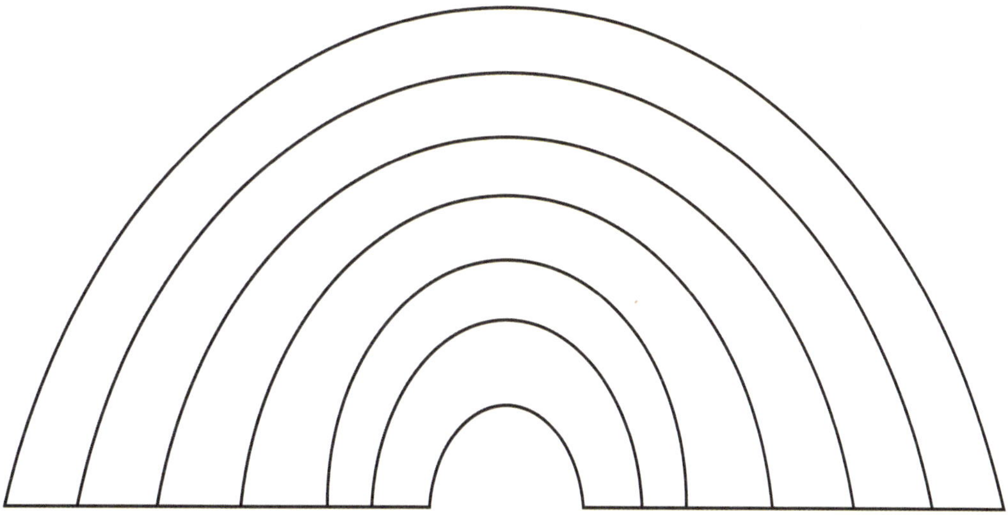

LÖSUNG

Was hat welche Farbe?
Verbinde die Bilder mit
der jeweils passenden Farbe.

LÖSUNG

Auf der Uhr können Anna und Elsa nachsehen, wie spät es ist. Kannst du auch schon die Uhr lesen?

Du kennst schon die Zahlen 1 bis 10. Auf der Uhr gibt es noch zwei weitere Zahlen:

11 und 12.

1
2
3
4
5
6
7
8
9
10
11
12

Schaffst du es,
alle Zahlen in das
Ziffernblatt einzutragen?
Olaf hilft dir dabei!

LÖSUNG

8

2

5

Nanu, da fehlt doch etwas!
Verbinde die 3 fehlenden Zahlen
mit der richtigen Stelle
auf dem Ziffernblatt.

LÖSUNG

Auf welcher Uhr ist
es genau 5 Uhr?
Kreise ein.

LÖSUNG

10:00

06:00

02:00

Es gibt unterschiedliche Arten, die Uhrzeit zu zeigen. Verbinde dieselben Uhrzeiten.

LÖSUNG

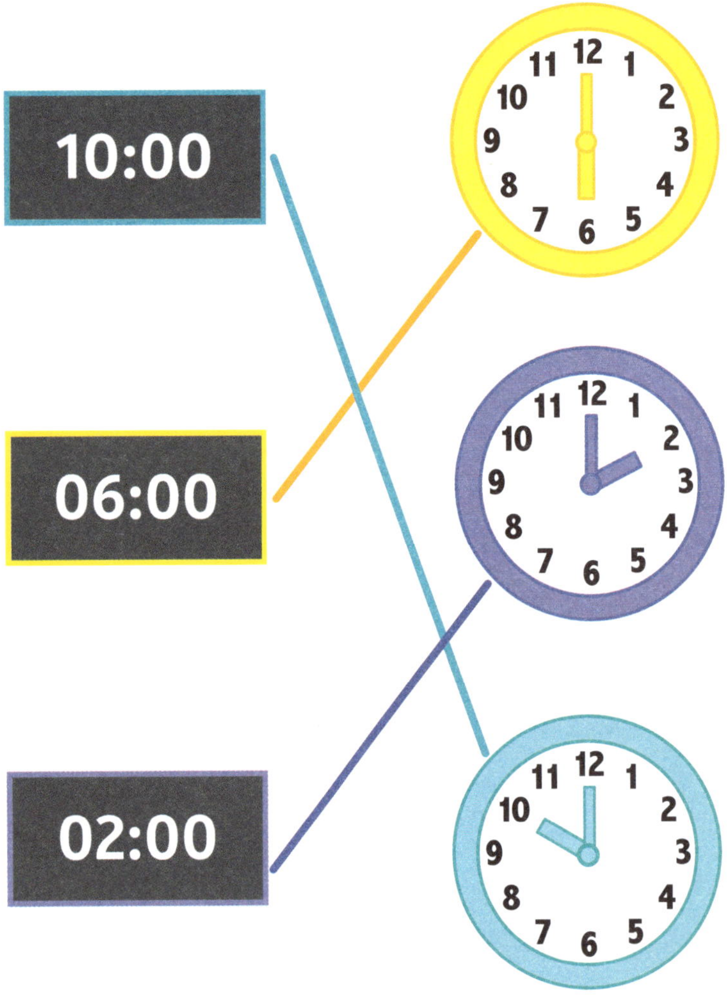

Auf welcher Uhr ist
es genau 6 Uhr?
Kreise ein.

LÖSUNG

Kreise ein, was man essen kann.

LÖSUNG

Male die fehlende Hälfte.
Tipp: Stell einen Spiegel in Richtung Bild auf die gestrichelte Linie. Und? Was siehst du?

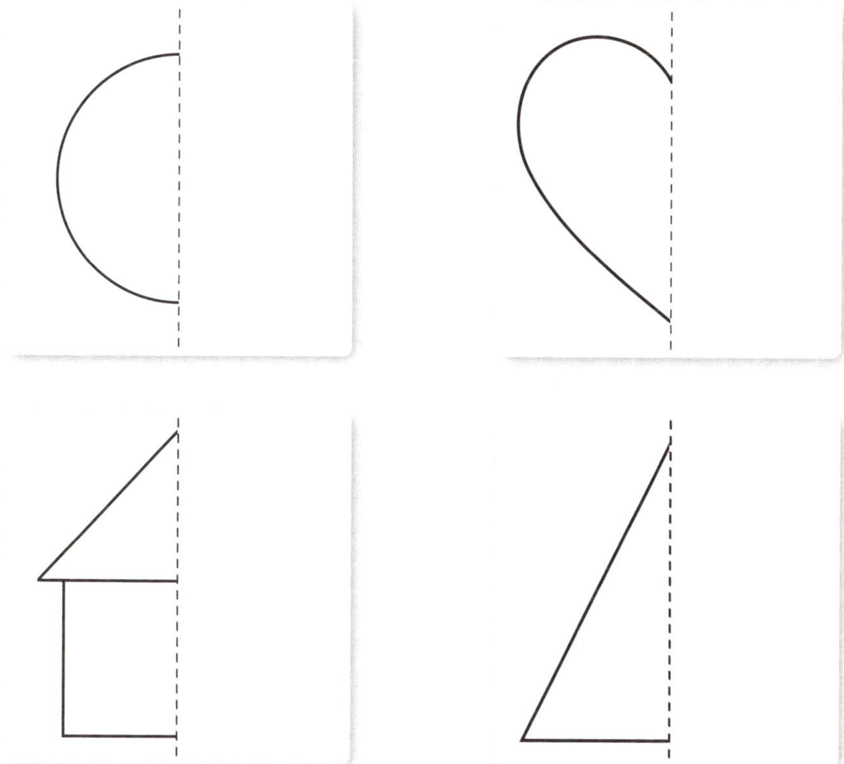

LÖSUNG

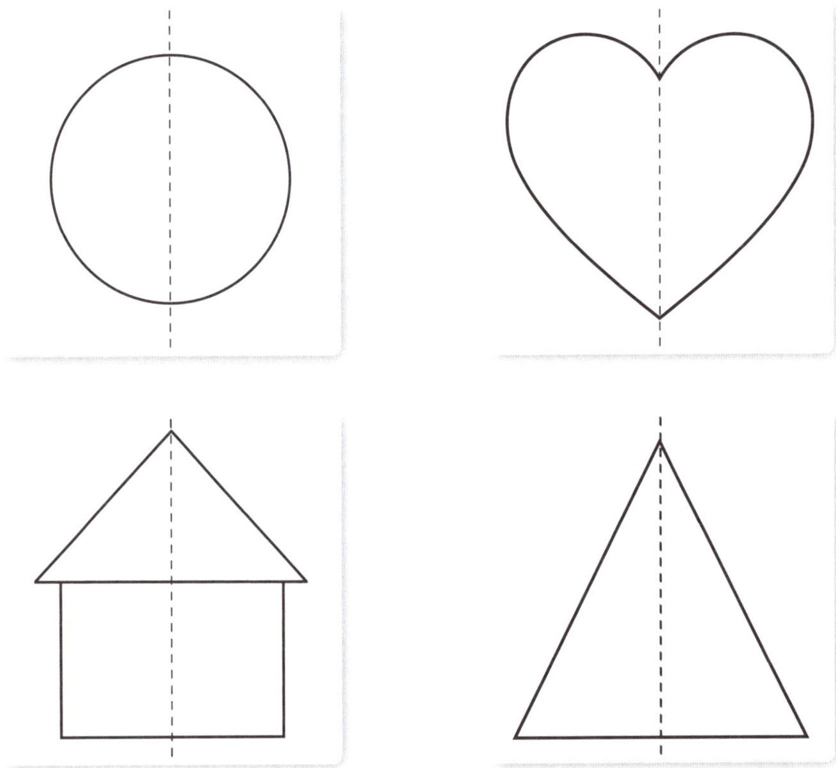

In jeder Reihe schaut
ein Tier in die andere Richtung.
Kreise es ein. Weißt du, ob es
nach links oder rechts guckt?

LÖSUNG

Wie viele Eiskristalle zählst du?

LÖSUNG

Es sind 6.

Wie viele Eiskristalle
sind es?
Zähle zusammen.

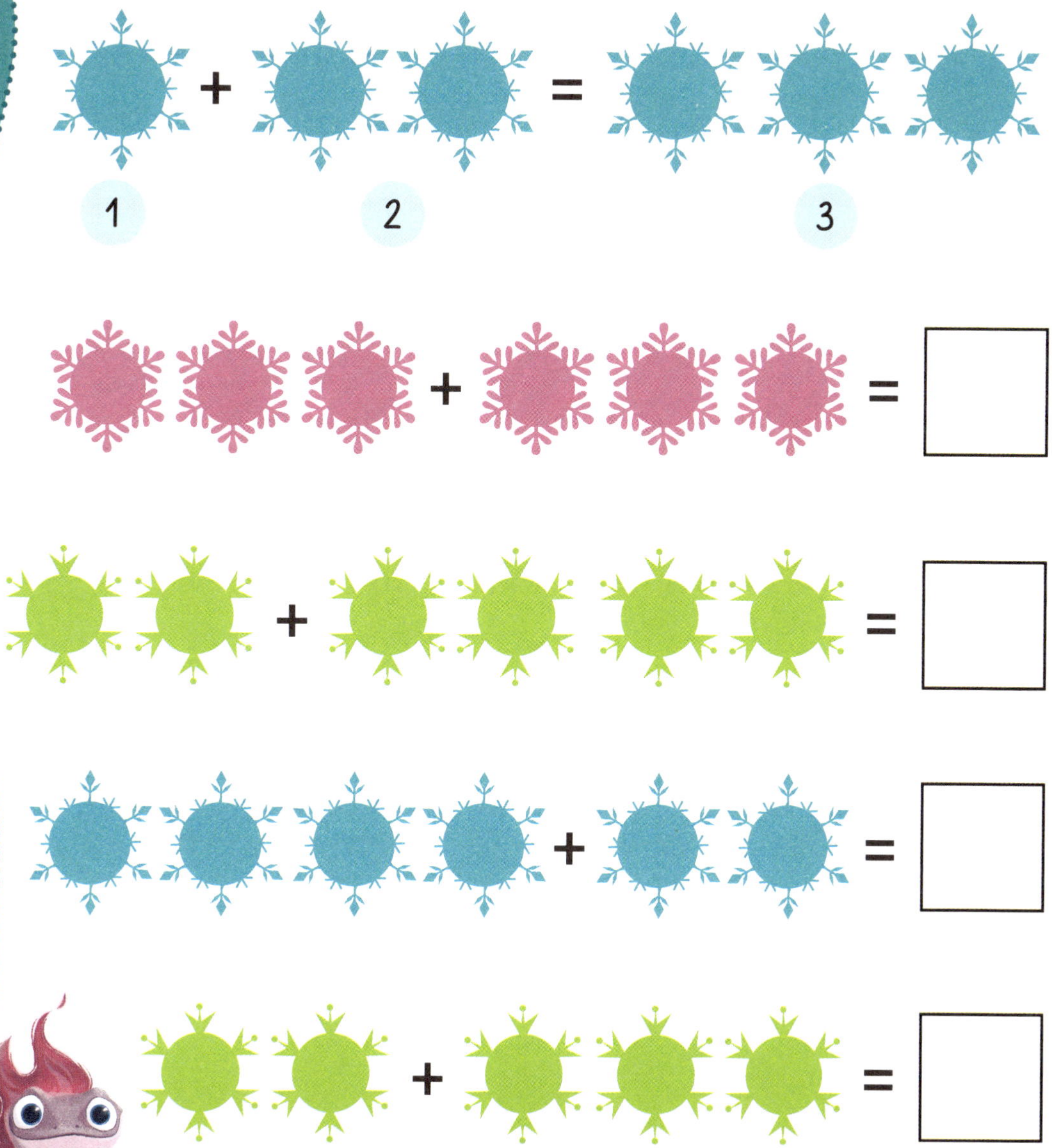

LÖSUNG

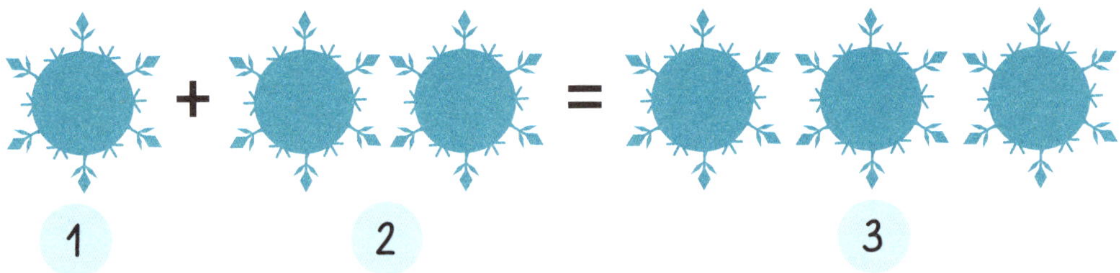

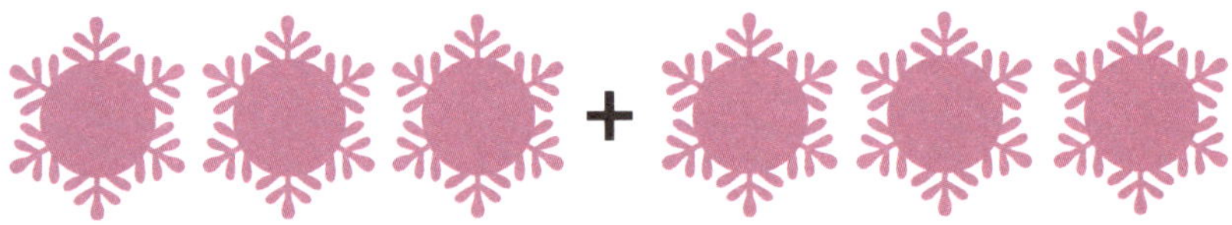

6

6

6

5

Von jedem Baum werden
die Äpfel einer Farbe gepflückt.
Wie viele Äpfel bleiben danach
noch an jedem Baum hängen?
Trage die Zahl jeweils ein.

LÖSUNG

Kreise ein, womit man Musik machen kann.

LÖSUNG

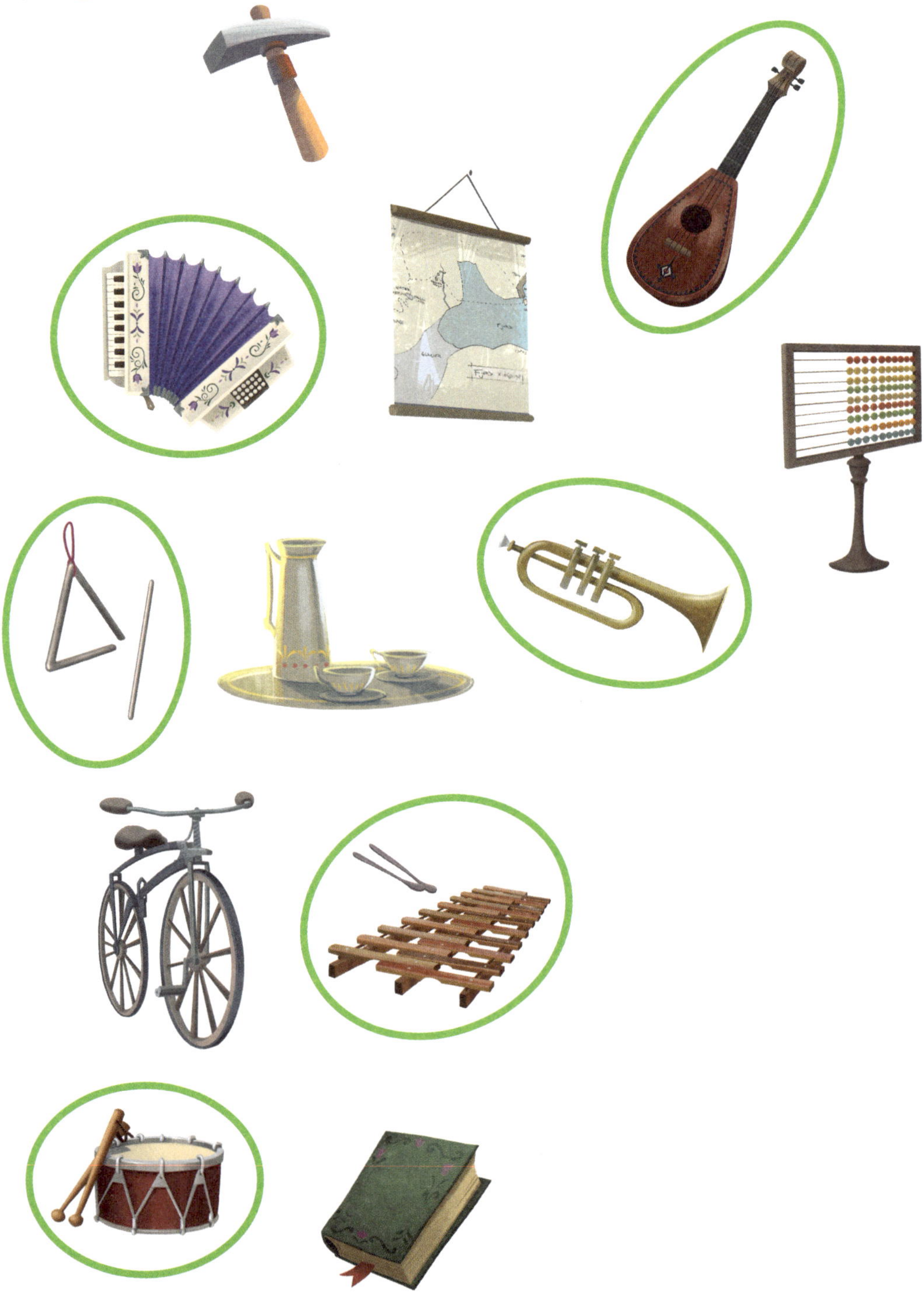

Lies die Zahlen laut vor
und kreise in jeder Reihe
so viele Dinge ein, wie
die Zahl vorgibt.

3

5

1

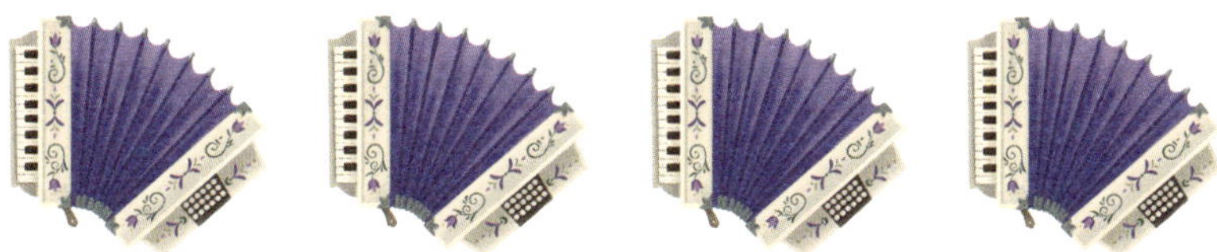

2

4

LÖSUNG

3 

5 

1 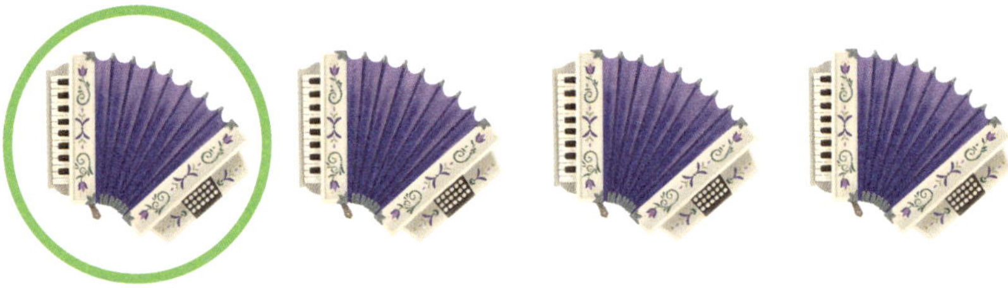

2 

4 

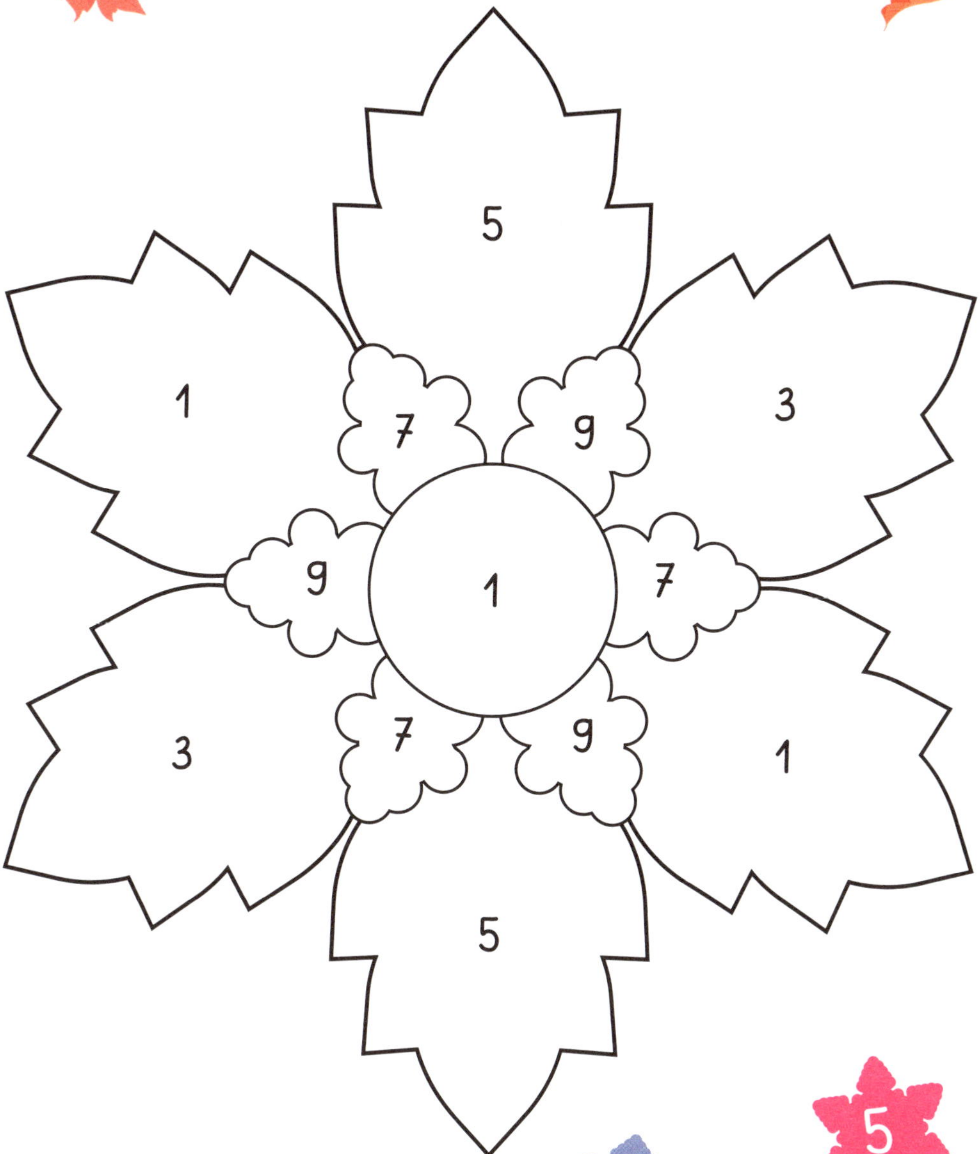

Male den Eiskristall nach Zahlen aus.

5
1
7
9
3
9
1
7
3
7
9
1
5
7
1
5
3
9

Wie viele Entenkinder watscheln ihrer Mama hinterher? Trage die Zahl in den Kreis ein.

LÖSUNG

Verbinde die gleichen Eiskristalle miteinander.

LÖSUNG

Verbinde die
Eiskristalle in
der angegebenen
Reihenfolge.

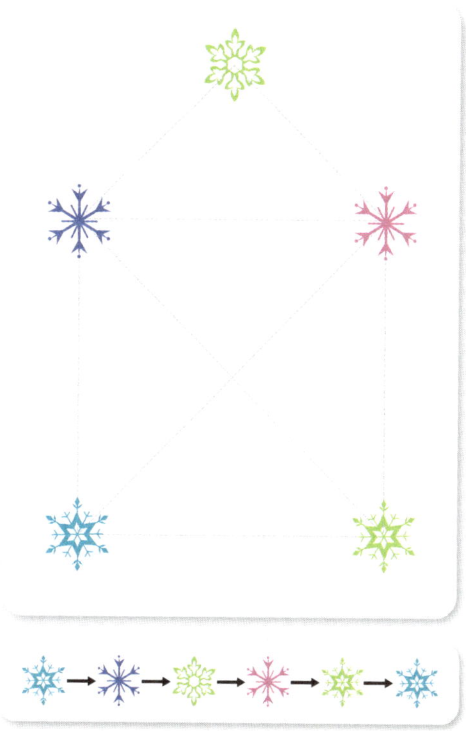

LÖSUNG

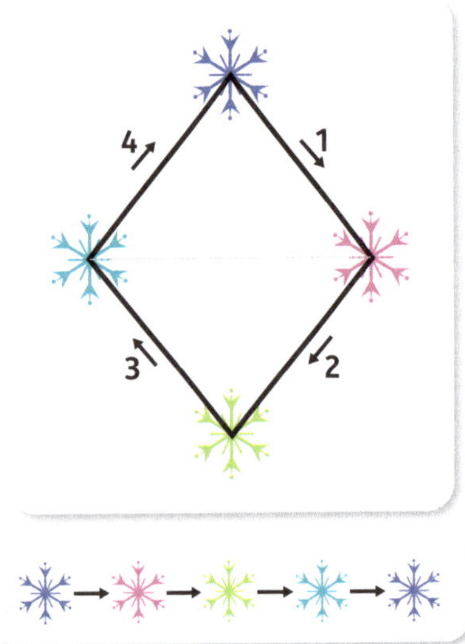

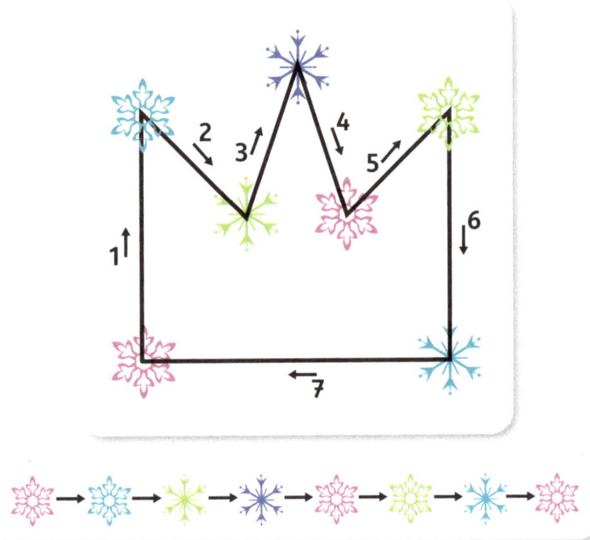

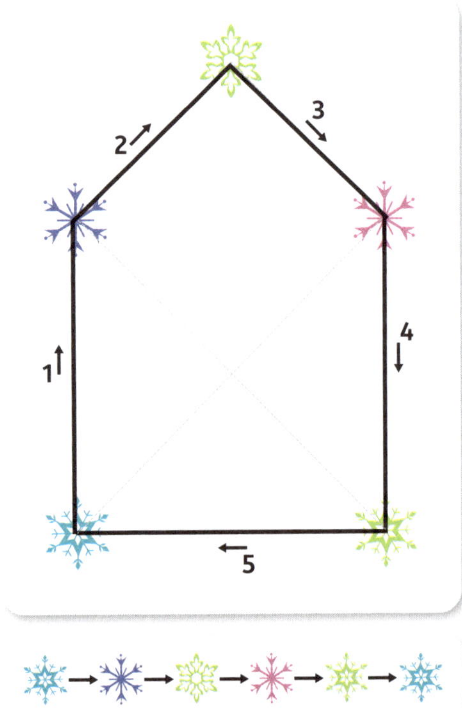

Wie viele Eiskristalle
sind es?
Ziehe voneinander ab.

 $3-1=2$

 $6-2=$

 $5-4=$

 $5-2=$

 $6-3=$

 $4-2=$

LÖSUNG

 $3-1=2$

 $6-2=$ 4

 $5-4=$ 1

 $5-2=$ 3

 $6-3=$ 3

 $4-2=$ 2

Male den Eiskristall nach Zahlen aus.

LÖSUNG

Welcher Schatten passt zum Bild?

1

2

3

LÖSUNG

1

2

3

Was kommt als Nächstes?
Male die Formen in den passenden Farben aus.

LÖSUNG

Welches Blatt
hat welche Farbe?
Die Zahlen helfen
dir dabei.

LÖSUNG

Übertrage die farbigen Obstsorten und male sie an der gleichen Stelle an.

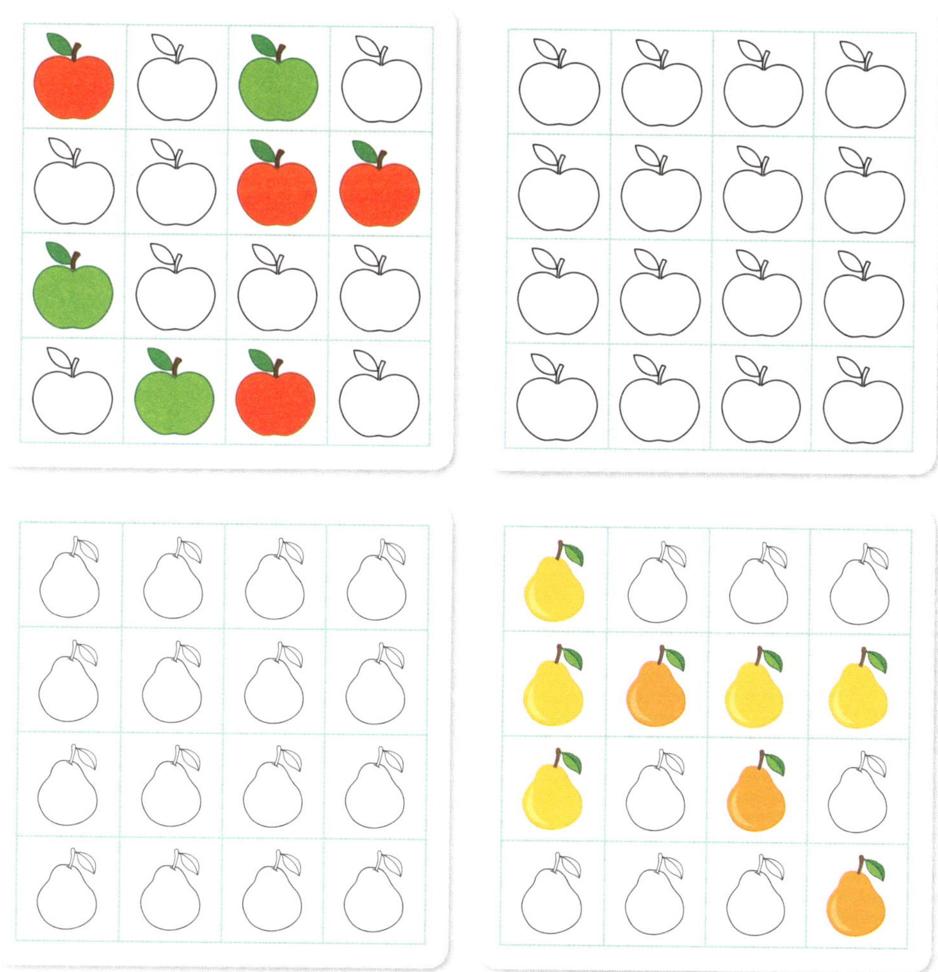

LÖSUNG

Male so viele Felder aus, wie die Zahl im Baum zeigt.

LÖSUNG

Male die Eisblumen nach Zahlen aus.

LÖSUNG

Gelb und Rot gibt Orange

Gelb und Blau gibt Grün

Rot und Blau gibt Lila

Wenn man Farben mischt, entstehen neue Farben. Male die Luftballons in den vorgegebenen Farben an.

LÖSUNG

Gelb und Rot
gibt Orange

Gelb und Blau
gibt Grün

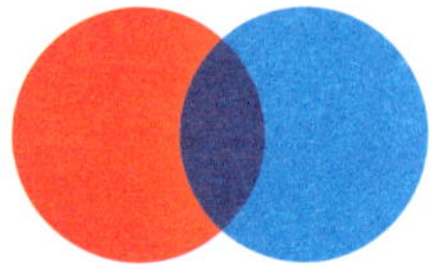

Rot und Blau
gibt Lila

Leiterspiel

Lege Spielfiguren und einen Würfel bereit – und los …
Start ist beim Eiskristall. Es wird reihum gewürfelt und danach mit der Spielfigur gezogen. Auf einem Feld können mehrere Spielfiguren stehen. Aufgepasst auf den Feldern, die an Leitern grenzen! Endet dein Zug auf einem grünen Feld, darfst du über die Leiter auf das höhere Feld ziehen. Endet dein Zug auf einem lila Feld, musst du über die Leiter wieder zurück auf das Feld mit der kleineren Zahl. Wer als Erster den Eispalast erreicht hat, gewinnt.